노근리 쌍굴다리의 눈빛 전언

2025

노근리 쌍굴다리의 눈빛 전언

-영동

김재석 시집

사이재

강선대

시인의 말

6·25한국전쟁 중에 일어난
노근리 사건만으로 한 권의 시집을 낳아야 하는데
그러지 못하고
부족한 부분을
영동에 대한 시편으로 채웠다

문학과 스토리텔링을 접목한 시집이기에
이치에 맞는 착란과
감각의 전이를 중시하는
모던한 시들과 다소 거리가 있는 시편들이다

노근리 사건의 상처를
조금이라도 치유해 줄 수 있는
시집이 되기를 바란다

2025년 여름
일속산방一粟山房에서
작시치作詩痴 김재석

차례

노근리 쌍굴다리의 눈빛 전언

시인의 말

1부

영동 13
노근리사건을 소화하지 못하다 15
노근리사건 안내판이 NOGEUN-RI를 NOGUN-RI로 써놓은
  바람에 엉뚱한 시를 낳다 17
Bridge at No Gun Ri 19
노근리 쌍굴다리의 눈빛 전언 1 22
노근리 쌍굴다리의 눈빛 전언 2 25
노근리 쌍굴다리의 눈빛 전언 3 28
노근리 쌍굴다리의 눈빛 전언 4 29
노근리 쌍굴다리의 눈빛 전언 5 30
노근리 쌍굴다리의 눈빛 전언 6 32
노근리 쌍굴다리의 눈빛 전언 7 34
노근리 쌍굴다리의 눈빛 전언 8 36
노근리 쌍굴다리의 눈빛 전언 9 38
노근리 쌍굴다리의 눈빛 전언 10 40
노근리 쌍굴다리의 눈빛 전언 11 42
노근리 쌍굴다리의 눈빛 전언 12 44

노근리 쌍굴다리의 눈빛 전언 13 46
노근리 쌍굴다리의 눈빛 전언 14 48
노근리 쌍굴다리의 눈빛 전언 15 50
양○○ 52
보도연맹의 피바람이 영동을 피해 가지 않았다 57

2부

월류봉月留峰 61
산양벽山羊壁 63
청학굴靑鶴窟 65
용연대龍淵臺 67
냉천정冷泉亭이 혼잣말하다 69
법존암法尊菴 71
사군봉使君峯 73
화헌악花軒嶽 75

3부

은행나무 79
영국사寧國寺 82
영국사는 지장전이 얼굴 내밀지 않는다 86
강선대降仙臺 86
헷갈리다 88
비봉산飛鳳山 89

봉황대鳳凰臺 90

함벽정涵碧亭 92

자풍서당資風書堂 94

용암龍巖 96

여의정如意亭 98

4부

영동 만추 드라이브길 101

반야사 103

반야사가 어깨에 힘을 주지 않는다 105

대웅전 107

극락전 109

문수전 111

배롱나무 두 그루 113

영천 115

옥계폭포 117

민주지산을 오르며 118

민주지산을 바라보며 120

백화산 121

물한계곡은 한눈팔 틈이 없다 122

난계 덕에 태어난 게 많다 124

갈기산을 오르며 126

과일나라테마공원이 군침을 삼키게 한다 128

추풍령역 급수탑공원이 장미정원을 거느리다 130

영동와인터널이 주사를 부린 적이 없다 132
영동국악체험촌이 귀를 호강하게 해 준다 134
송호금강물빛다리에서 윤슬을 만나다 136
월류봉 둘레길은 그냥 둘레길이 아니다 138
레인보우힐링관광지가 답이다 140
노근리평화공원은 꿈이 크다 142

1부 노근리 쌍굴다리 시편

쌍굴다리(노근리국제평화재단제공)

영동
-서시

6·25한국전쟁 중
노근리사건으로
슬픔의 도가니에 휩싸이고도
이웃들의 부러움을 사는 걸 보면
대단하다

뒤늦게 얼굴 내민
노근리 평화공원이
노근리 추모공원이
노근리의 상처가 덧나지 않도록 하는 데
기여하고 있는 것을

한천팔경만으로도
이웃들의 부러움을 살 수 있는데
양산팔경까지 지녔으니
이웃들의
부러움을 사고 또 살 수밖에

영동국악체험촌을 보면
레인보우힐링관광지를 보면
지나간 미래와

다가올 과거 둘을 다 잡은 것이
한눈에 보이네

6·25한국전쟁 중
노근리사건으로
슬픔의 도가니에 휩싸이고도
이웃들의 부러움을 사는 걸 보면
대단하다

노근리사건을 소화해 내지 못하다

6·25한국전쟁이 낳은
노근리사건을 소화해 내지 못하고 있다

노근리사건의 증인인 쌍굴에 다녀온 지
여러 날이 지나도록
노근리사건이
나를 가만두지 않는다

제노사이드,
제노사이드가 따로 없다는 말을
입증하기 위해서
노근리사건이 일어난 게 아니다

노근리사건의 주역이
절체절명의 위기에 처한
대한민국을 구하기 위하여
한국전쟁에 참여한 미군들이라니
이런 모순이 어디에 있는가

철길에서
쌍굴에서

비명 속에 생을 마친 이들을 위로할
말을 찾아내지 못하고 있다

괜히
노근리를 찾았다가
노근리의 슬픔을 덧나게 하고
돌아왔다는 말을
내가 나에게 들을까 무섭다

6·25한국전쟁이 낳은
노근리사건을 소화해 내지 못하고 있다,
전혀

노근리사건 안내판이 NOGEUN-RI를 NOGUN-RI로 써놓은 바람에 엉뚱한 시를 낳다

자칭
자유와 평화의 수호자인
미군은
모두 다 백치인가

NOGUN-RI

NOGUN-RI

말끼도
못 알아먹고
총을 난사하다니

NO GUN RI

NO GUN RI

한 글자 한 글자
띄어쓰지 않고
붙여써 놨다고
그것 하나 해독하지 못하고
총을 난사하다니

미군은
모두 다 문맹인가,
자칭
자유와 평화의 수호자인

*노근리 사건 안내판이 NOGEUN-RI를 NOGUN-RI로 써놓은 바람에 시를 한 편 건졌으나 뒤늦게 노근리는 NOGUN-RI 아닌 NOGEUN-RI라는 걸 알고 시를 버리려다 버리지 못하고 그대로 놔뒀다. 나중에 확인해 보니 처음 AP 통신 기자들에 의해 실린 기사가 Bridge at No Gun Ri였다. 6·25한국전쟁 중에 미군들이 사용한 작전지도에 NOGUN-RI로 돼 있을 가능성이 많다.

Bridge at No Gun Ri

누구도 듣고 싶지 않는 이야기가 있다로
시작하는
Bridge at No Gun Ri 기사의
노근리는 No Geun Ri 아닌
No Gun Ri였다

AP 통신 기자들이
로마자 표기법과 가까이 지내지 않아
No Geun Ri를
No Gun Ri로 했을 리가 만무하다

냉전 이데올러기의 희생양인
6·25한국전쟁 중
미군의 안내로
경부선 철로를 따라
영동군 주곡리와 임계리
그리고 주변 마을 주민들이
피난을 가던 중
쌕쌕이의 폭격과 기총사격에 의해
사상자가 대거 발생하였다

앞뒤를 가리지 않은
쌕쌕이의 폭격과 기총사격으로부터
노근리 쌍굴다리로 가까스로 피신한
피란민들을
남녀노소 가리지 않고
미군들이 총을 쏴
집단학살하였다

이유는
피란민들 사이에 숨어든
인민군 유격대들이
미군에게
막강한 피해를 입힌 전력이 있어서였다

Bridge at No Gun Ri 기사의
Bridge는
지금도 상처가 치유되지 않은
노근리의
쌍굴다리를 가리킨다

책가방 끈이 긴

AP 통신 기자들이
No Geun Ri를
No Gun Ri로 한 것은
노근리사건의 주범인
자유와 평화의 수호자라는
미군을 조롱하기 위한 것인가

생각이 깊은
AP 통신 기자들이
No Geun Ri를
No Gun Ri로
의도적으로 썼을 수도 있고
그러지 않았을 수도 있다

누구도 듣고 싶지 않는 이야기가 있다로
시작하는
Bridge at No Gun Ri 기사의
노근리는 No Geun Ri 아닌
No Gun Ri였다

노근리 쌍굴다리의 눈빛 전언 1

러브 스토리도 아닌
누구도 듣고 싶어 하지 않는
사연을
어디서부터 꺼내야 할지 모르겠다

냉전 이데올러기의 희생양인
6·25한국전쟁 기간 동안
나에게 일어난 일을
밝히지 않고 배길 수 없다

1955년 7월 25일부터 7월 29일까지
5일 동안
영동군 주곡리와 임계리
그리고 주변 마을 주민들이
경부선 철로를 따라
피난을 가던 중
쌕쌕이의 폭격과 기총사격으로
사상자가 속출하였다

가까스로
내 품에 뛰어든

혼비백산한 피란민들을
자유와 평화의 수호자라는
미군들이
앞산과 뒷산에서
총으로 난사를 하였다

소나기처럼 쏟아지는
총알 세례 속에서도
내 품에서 살아남은 이들이
성하지 않은 몸으로
그날의 사연을 증언하고 있다

내 몸 역시 아작나고
아작난
내 몸에 박힌 총알을 빼내지 못하고
70년이 더 지나도록
그대로 박혀 있는 데도
내가 버틴 것은
그때 그 사연을 입증하기 위해서다

러브 스토리도 아닌

누구도 듣고 싶어 하지 않는
사연이
후손들의 상처를 덧나게 할까 봐
무섭다

노근리 쌍굴다리의 눈빛 전언 2

주야로
뻐꾹새와 소쩍새가 울고 있다

뻐꾹새와 소쩍새가
구성지게 울어도
내게
구성지게 들리지 않는 건
나의 지나간 미래가
나를 가만두지 않기 때문이다

6·25한국전쟁 중에
포탄에
기총소사에
그 많은 사람들이
비명횡사하여도
울음을 그치지 않은
뻐꾹새와 소쩍새는 생각이 없다

아니다
아니다

내가
뻐꾹새와 소쩍새를
오독하고 있는지도 모른다

6·25한국전쟁 중에도
울음을 그치지 않고
주야로
뻐꾹새와 소쩍새가 운 건
생각이 없어서가 아니라
생각이 깊어서다

뻐꾹새와 소쩍새가
주야로
동족 상잔 하지 말라
동족 상잔 하지 말라
이분의 이박자로
울음을 토해도
다들
못 알아먹은 것이다

예나 다름없이

동족 상잔 하지 말라
동족 상잔 하지 말라
주야로
뻐꾹새와 소쩍새가 울고 있다

노근리 쌍굴다리의 눈빛 전언 3
 - 윤슬

쳐다보기가 민망하더라

6·25한국전쟁 중에
실개천에서
햇빛과 피로 물든 잔물결이
함께하여
태어난 보석을

쳐다보기가 민망하더라

6·25한국전쟁 중에
실개천에서
달빛과 피로 물든 잔물결이
함께하여
태어난 보석을

노근리 쌍굴다리의 눈빛 전언 4

찔레꽃 향기가 내 몸을 관통할 때가 있다

이보다 좋을 수가 없는 데도
이보다 좋을 수가 없다는
말을 뱉지 못하는 건
6·25한국전쟁 중
찔레꽃 향기에
피비린내가 묻어 있는 적이 있어서다

아카시아꽃 향기가 내 몸을 관통할 때가 있다

이보다 좋을 수가 없는 데도
이보다 좋다는
말을 뱉지 못하는 건
6·25한국전쟁 중
아카시아꽃 향기에
피비린내가 묻어 있는 적이 있어서다

노근리 쌍굴다리의 눈빛 전언 5

하늘이 어두워지더니
비가 쏟아진다

순한 짐승들의
초목들의
갈증을 해소해 주기 위해서
내리는 비임에도
악몽이 되살아나 마음이 편치 않다

빗소리,
빗소리가
기총소사 소리다

피하고 싶어도
피할 수 없는 내가
어딘가로 피하고 싶은 건
빗소리가
기총소사 소리여서다

1950년 7월 26일에서 7월 29일까지
피란민들이

경부선 철로에서
내 품에서
쌕쌕이의 폭격과 기총소사 그리고
미육군의 기총사격으로
사상자가 속출하였다

이슬비만 내려도
마음이 편치 않는데
폭우, 폭우가
악몽을 되살아나게 한다

비가 그칠 줄 모른다

노근리 쌍굴다리의 눈빛 전언 6

비 온 뒤
무지개가 얼굴 내밀었다

하늘에 얼굴 내민
무지개를 보고도
가슴이 뛰지 않는 나에게
내 안의 누군가가
너그럽지 못하고 옹졸하다고
비난을 한 적이 있다

6·25한국전쟁 중
피비린내 속에서
하늘에
무지개가 얼굴 내미는 걸 보고
지금
무지개가 얼굴 내밀 땐가 하고
인상을 구긴 적이 있다

6·25한국전쟁 중이라 하여
무지개가 얼굴 내밀지 않는다면
비가 내리지 않아

갈증을 해소하지도 못하고
피비린내를 씻어내지도 못할 거라는 생각이
나의 뇌리를 때렸다

뒤늦게
비 온 뒤
무지개가 얼굴 내민 이유를 알았다

하늘에 얼굴 내민
무지개를 보고도
가슴이 뛰지 않는 나에게
내 안의 누군가가
너그럽지 못하고 옹졸하다고
비난을 한 걸
나중에 철회하였다

비 온 뒤
얼굴 내민 무지개가
눈치가 보였는지
오래 버티지 못하고 사라졌다,
어느 새

노근리 쌍굴다리의 눈빛 전언 7

마마 자국같은 탄흔은 말할 것도 없고
총알이 박힌
몸이 쑤시고 아파
돌아불기 직전이다

날씨가 궂거나
비가 올라고 할 때만
몸이 쓰시고 아픈 게 아니라
맨날 아프다

맨날
몸이 쑤시고 아프기에
몸이 쑤시고 아픈 게
뭔가를
구분하지 못할 정도로 아프다

나를 찾는
경향각지
먼 걸음을 한 길들 앞에서
나쁜 인상을 주지 않기 위해
내색을 하지 않아 그러지

몸이 정상이 아니다

언제나
고통과 가까이 지내지 않고
집단학살의
트라우마에서 벗어나려나

마마 자국같은 탄흔은 말할 것도 없고
총알이 박힌
몸이 쑤시고 아파
돌아불기 직전이다가 아니라
돌아부렀는지도 모른다

노근리 쌍굴다리의 눈빛 전언 8

냉전 이데올러기가 낳은
6·25한국전쟁 중에
별별 생각이 다 떠올랐다

하루빨리
전쟁을 끝내는 방법이 뭘까를
곰곰이 생각해 보았다

해와 달이
전쟁이 끝날 때까지
얼굴 내밀지 않으면
다들 놀라서
전쟁을 끝낼까도 생각했다

해와 달이
그런 생각을 할 수도 있고
그런 생각을 하지 않을 수도 있지만
하지 않는 건
온 세상이 다
전쟁을 하는 게 아니어서다

우리 때문에
온 세상에 피해를 입힐 수가
없어서
해와 달이 나서지 않는 게
확실하다

냉전 이데올러기가 낳은
6·25한국전쟁 중에
별별 생각이 다 떠올랐다

노근리 쌍굴다리의 눈빛 전언 9

그때 그 시절
내 품에 뛰어든 피란민들을
구하지 못한 죄책감에
일흔네 해가 지났어도
악몽에 시달리고 있다

죄책감도
죄책감이지만
트라우마를 넘어
공포심이 일 때가 있으니
아직도
용서가 되지 않는다

용서니
화해니
치유니
반전이니란 말이
미사여구일 뿐이라는 생각이 드니
어떡하면 좋으냐

이따금

주저앉아 울고 싶어도
팍 쓰러져 드러눕고 싶어도
그러지 못한 것은
나는 나만의 몸이 아니기 때문이다

그때 그 시절
내 품에 뛰어든 피란민들을
구하지 못한 죄책감에
일흔네 해가 지났어도
꿈자리가 사납다

노근리 쌍굴다리의 눈빛 전언 10

'불편한 진실'이란
6·25한국전쟁 중에
내 품에서 일어난 일을 두고 하는 말이다

경부선 철로를 따라
피난을 가던
영동군 주곡리와 임계리
그리고 주변 마을 주민들이
쌕쌕이의 폭격과 기총소사로
생을 앞당긴 걸 생각하면
피가 거꾸로 솟는다

피가 거꾸로 솟는다는 말이
내 입에서 나오는 건
내가 여유가 생겼다는 것이다

그때 그 시절
아비규환에 나는
피가 거꾸로 솟는다는 말을 뱉지도 못했고
피란민들은
피눈물을 흘려야 할 때

피눈물을 흘릴 생각도 못했다

피란민 중에
인민군이 섞여 있을 가능성이 있다 하여
싸그리,
싸그리 죽일 생각을 하다니

'불편한 진실'이란
6·25한국전쟁 중에
내 품에서 일어난 일을 두고 하는 말이다

노근리 쌍굴다리의 눈빛 전언 11

지금이라도
내 몸에 박힌 총알을 제거하여야 하나

총알을 제거하려면
살이 찢기는
아픔을 감내하여야 하는데

이미
총알이 살이 되어
제거하기가 쉽지 않은데

탄흔,
탄흔은
성형으로 감추더라도
총알은 제거하려다가
상처가 덧날 수 있는데

몸이 쑤시고 아프더라도
그냥 내버려둬야 하나

노근리 추모공원을

노근리 평화공원을 찾는
경향각지
먼 걸음을 한 길들을 위하여

나를
다시는
동족상잔의 길을 걷지 않게 하기 위한
분단을 극복하기 위한
교육의 장으로 삼도록
그냥 내버려둬야 하나

노근리 쌍굴다리의 눈빛 전언 12

노근리에
비극의 역사를 가슴 깊이 기억하겠다는
노근리 평화공원이 태어났다

평화공원이
그때 그 시절에
생을 앞당긴 사람들의 한을
풀어줄까

살아남은 자의 상처를
덧나게 할 수 있음에도
평화공원이 태어난 건
이 땅에서
비극이
다시 되풀이되지 않게 하기 위해서다

기억하기 싫은 것을
반드시
기억해야 하는 모순이
바로 삶이다

노근리에
비극의 역사를 가슴 깊이 기억하겠다는
노근리 평화공원이 태어났다

노근리 쌍굴다리의 눈빛 전언 13

다시는
동족상잔의 길을 걷지 말아야 하는데
하루빨리 분단을 극복해야 하는데
분위기가 살벌하다

평양이 하는 짓이
심상치 않고
서울이 하는 짓 역시
심상치 않다

서독과 동독은 진즉 하나 되어
잘나가고 있는데
서울과 평양은
입에 담지 말아야 할 말을
주고받으니……

본의 아니게
둘로 갈라져
딴 살림을 차렸어도
서로 삿대질하며 싸울 일이 아닌데……

다시는
동족상잔의 길을 걷지 말아야 하는데
하루빨리 분단을 극복해야 하는데
분위기가 살벌하다

노근리 쌍굴다리의 눈빛 전언 14

하늘의 도란 알 수가 없다

내 품에 안긴 피란민들이
총알 세례에 쓰러져 가고
피비린내가 진동하는 중에
새로운 생명이 태어났다

그때 태어난 그 아이가
지금도 살아 있다면
고희를 훌쩍 넘겼을 텐데
그가 누구인지
그가 어떻게 살아왔는지 궁금하다

나를 찾은
경향각지
먼 걸음을 한 수많은 길들 중에
몇 차례
그가 속해 있었을 수도 있겠다

하늘은
보시기에 좋은 일만을 일으키는 게 아니라

보시기에 나쁜 일도 일으키는 게
분명하다

하늘의 도란 알 수가 없다가 아니라
하늘의 도가 있기는 있는가

노근리 쌍굴다리의 눈빛전언 15
-별이 빛나는 밤에

6·25한국전쟁 중에도
밤하늘에 별은 빛나고
달은 별들과
데이트를 즐기는 걸 마다하지 않았다

우크라이나에서
가자지구에서
사람들이 무더기로 죽어가는 데도
데이트를 즐기는
달과 별들을 보고
생각이 없는 무뇌아란 말을 뱉을 수가 없다

전쟁 중에도
해와 달과 별들이 얼굴을 내밀어야지
전쟁 중이라고
해와 달과 별들이 아예 얼굴을 내밀지 않는다면
세상은 칠흑 같은 암흑 속에 잠기게 될 것이다

철길에서
공중폭격과 기총소사를 가까스로 피해
내 품에 뛰어든 피란민들이

여러 날 나를 은신처삼는 바람에
미군들의 기총사격으로
벌집이 된 나 또한 혼절하여
밤하늘을 바라보지 못했으나
그 날도
밤하늘에 별은 빛났을 것이다

해와 달과 별들은
자신들의 일에 열중하느라
내 품에서 무슨 일이 일어나는지
몰랐을 것이고
알았다 하더라도
어떤 조치도 취할 수 없었을 것이다

6·25한국전쟁 중에도
밤하늘에 별은 빛나고
달은 별들과
데이트를 즐기는 걸 마다하지 않았을 것이다,
오늘처럼

*1950년 7월 25일은 음력으로 6월 6일이다.

양○○
-이것은 시가 아니다

지금으로 말하면
내가
초등학교 4학년
쬐끄만할 때 육이오를 만났다

전쟁통에
갈피를 못 잡던 주곡리 사람들을
임계리가 잠시 떠맡았다

임계리가 떠맡은
피란민들을
미군들이
짐승들을 몰듯 남쪽으로 몰았다

생김새가 우리와 거리가 먼
미군들이
엎드리라고 하면 엎드리고
일어서라고 하면 일어섰다

소보다 큰 차가
우루루 지나가는 소리가 들리고

도로에는
차들의 눈이 번쩍번쩍하였다

길에서 잠을 붙인 후
미군들이
철로로 올라가라 하여
다들 철로로 올라갔다

미군들이
피란민들의
몸과 봇짐을 가만두지 않고 있는데
비행기 한 대가 둘러보고 갔다

갑자기
미군들이
우리를 철로에 맡기고
자리를 피한 뒤
비행기가 얼굴 내밀더니
폭격을 하고
총알을 퍼부었다

혼비백산한
피란민들 속
어머니와 나와 동생 둘을
철로 옆에 있는
아카시아가 받아주었다

그 사이
어머니는
하체에 총을 여섯 곳이나 맞고
아이구 나 죽겠다 소리를 지르고
나는 눈에
불덩어리를 맞아
눈알 하나가 빠져 애꾸눈이 되었다

비행기가
총알을 퍼부으면
연기가 확 오르고 자갈이 튀었는데
사상자가 속출하였다

폭격이 끝나자
어머니께

작대기를 주어다 주니
어머니는
한 손으론 작대기를 짚고
한손으론 내 손을 붙잡고
공포에 질린
네 살 동생은 뒤에서 졸졸
아카시아 나무를 지나
쌍굴로 갔다

만원인 쌍굴이
첫날은 허용하지 않아 들어가지 못하고
다음 날 들어갔다

바깥에 있으면 죽을 수 있으니
가운데로 가야 산다며
다들 서로 가운데로 들어가려고 하는데
미군들이 밖에서 따다다
기관총을 싸대서
사람들이 팍팍 꼬구라졌다

하루도 아니고

여러 날을
따다다
총을 쏘아대니
쌍굴은 지옥이나 다름없었다

할머니, 오빠, 동생 하나를 잃고
어머니는 부상을 당하고
나는 실명을 한
노근리
경부선 철도와 쌍굴이 나를 따라다닌다,
칠십 년이 훌쩍 지났어도

보도연맹의 피바람이 영동을 피해 가지 않았다
 -이것은 시가 아니다

보도연맹의 피바람이
영동, 영동을 피해 가지 않았다

보도연맹, 보도연맹, 보도연맹이 무엇이길래
보도연맹원이 피를 보았나

냉전 이데올러기가 낳은
6·25한국전쟁만 아니었으면
보도연맹원이 피를 보지 않았을까

심지어
보도연맹이 무엇인지도 모르는
민초들에게
보도연맹에 가입하라고 독려해 놓고
보도연맹원이라 하여
집단학살을 하다니

집단학살도
자기가 묻힐 무덤을
자기가 파게 하여

생을 앞당기게 하다니

총칼 앞에
자리를 피하지 못한
상촌, 어서실, 석쟁이재*가
일흔 해가 더 지난 지금도
트라우마에 시달리고 있는 것을

용화 지서장 이섭진은
목숨을 걸고
동족인
보도연맹원들을 다 살려내는 길을
택했는데

보도연맹의 피바람이
영동, 영동을 피해 가지 않았다

* 상촌, 어서실, 석쟁이재: 보도연맹원 학살장소이다.

2부 한천팔경

월류봉

월류봉月留峰

달이 절벽을 빛내주고
절벽이 달을 빛내주는데
둘 다
자신의 공을 내세우지 않는다

달이 절벽만 빛내 주는 게 아니라
달빛이
초강천의 잔물결과 만나
보석이 태어나는데
징검다리에서 지켜보다가
보석을 움켜지려고 뛰어들까 무섭다

지금까지
누가
보석을 움켜지려고 뛰어들었다는 말이
들리지 않는 걸 보면
보석이 신기루라는 걸
깨우친 것 같다

초강천에
물구나무선 봉우리들은

단 한 번이라도
강물을 따라
먼 데로 가고 싶은 마음이
있었을까

달이 절벽을 빛내주고
절벽이 달을 빛내주는데
둘 다
자신의 공을 내세우지 않는다

산양벽 山羊壁

아찔하다고 해야 하나,
손에
땀을 쥐게 한다고 해야 하나

암벽의
수목들이
내려다보는 재미를 만끽하기 위해
저 자리에 뿌리내렸을 리가

누군가의
손길이 닿지 않는 곳이
가장 완전한 곳이라 생각되어
저 자리에 뿌리내렸을 리가

본의 아니게란
암벽에 뿌리내린
수목들을 두고 하는 말일 수도 있겠다

저 자리가
위태로워도
별천지인 건 사실이다

아찔하다고 해야 하나,
손에
땀을 쥐게 한다고 해야 하나

청학굴 靑鶴窟

눈을 씻고 또 씻고 보아도
청학이 깃드는 걸
보지 못했다고
딴지를 걸 수도 있겠다

청학이 깃드는 건
마음으로 보는 것을
청학을 보지 못했다고
딴지를 거는 이를
순진하단 말을 뱉을 수가 없다

청학이 깃드는 건
마음으로 보는 것임을
다 알면서도
모르는 척
한번 딴지를 걸어보는 것이다

지금은 청학이 깃들지 않으나
옛날엔 청학이 깃들었기에
한번 청학굴은
영원한 청학굴이라고

궤변 아닌 궤변을 늘어놓을 수도 있겠다

옛날에 깃든 게
눈에 띄어
위험을 느낀 청학들이 사라졌으나
앞으론 눈에 띄지 않게
깃들 것이다

눈을 씻고 또 씻고 보아도
청학이 깃드는 걸
보지 못했다고
딴지를 걸 수도 있겠다

용연대 龍淵臺

초강천에 물구나무선
여섯 산봉우리 모두의 마음에 들려면
힘이 부치니
여섯 봉우리 모두의 마음에 들려고
용연대가 힘을 쓰진 않을 것이다

초강천을 건넌
월류봉 산줄기가 평지에 솟아
용연에 이르러 태어난
용연대는 월류봉과 한 몸이다

여의주가 주어진다 할지라도
용연대가 승천하지 않으리라는 생각이
물씬 풍기는 것은
이보다 좋을 수 없는 곳에
용연대가 태어나서다

용연대가
여섯 봉우리 모두의 마음에 들려고
힘을 쓰지 않아도
여섯 봉우리가

한 몸인 용연대를 애지중지하지
누구를 애지중지하겠는가

초강천에 물구나무선
여섯 산봉우리 모두가
용연대의 마음에 들려고
자세를 똑바로 하고 있는지도 모른다,
오히려

냉천정冷泉亭이 혼잣말하다

법존암 앞
모래밭이 발원지인
팔연八淵은
法文들의 모임이나 다름없다

냉천,
法文들의 모임인
팔연이 바로
法經이 아니면 무엇이겠는가

법존암,
법존암이 증발하였어도
팔연八淵이
법경인 건 확실하다

법경인 팔연이
차가울 수밖에 없는 건
잠든
중생들의 영혼을 깨우치기 위해서다

법존암 앞

모래밭이 발원지인

팔연은

法文들의 모임이나 다름없다

법존암法尊菴

언제
어디서
어떻게 증발하였는지
알 길이 없다

어느 사찰이 낳은
암자였는지
알려고 하면
알 수 있으나
지금 당장 알고 싶지는 않다

팔연에 모인 물이
법문이라는 걸 입증하기 위하여
태어났다고 해도
과언이 아닌데
증발하다니

증발한 뒤
윤회의 고리를 끊지 못하고
다들
다시 태어나기를

거듭 반복했을 것이다

언제
어디서
어떻게 증발하였는지
알 길이 없다

사군봉使君峯

사신으로
어느 나라에 다녀왔는지

앞으로
사신으로
어느 나라에 갈 건지
분명하지 않다

그냥 그 자리에 있어야지
사신이 되어
어느 나라에 간다면
세상은 아수라장이 될 것이다

사신이 되는 게
무조건 다 좋은 게
아니라는 걸 입증하기 위해
사군봉이 태어났을 리가……

자신의 자리에서
맡은 바 책임를 다하고 있는데
괜히 바람을 넣어

가슴을 들뜨게 하다니

사군봉이라 해서
어깨에 힘을 주고
사군봉이 아니라 해서
어깨에 힘을 주지 않을
사군봉이 아니다

화헌악花軒嶽

만산홍,
만산홍
누구 이름이 아니다

누가
얼굴 내밀라 해서
꽃들이
얼굴 내밀고

누가
얼굴 내밀지 말라고 해서
꽃들이
얼굴 내밀지 않는 게 아니다

그렇다고
꽃들이
저절로
얼굴 내미는 것도 아니다

꽃들이
얼굴 내밀기까지

노고,
노고가 많았을 것이다

만산홍,
만산홍
누구 이름이 아니다

3부 양산팔경

영국사(천태산) 은행나무

은행나무

영국사는
천태산 은행나무라 하고
천태산은
영국사 은행나무라 한다

이런 사실을
은행나무가 알면
상처받을 수도 있는데

서로 자기 거라고 우겨야
은행나무가
상처 받지 않을 텐데
서로 상대의 거라 하니

영국사는
영국사 은행나무라 하고
천태산은
천태산 은행나무라 하는 것보다
나은 일인지도 모른다

서로

자기 거라고 우기면
천태산과
영국사 사이가 나빠질 게
불 보듯 뻔하다

천태산이
영국사를 낳았기에
영국사 은행나무가
천태산 은행나무나 다름없기에
뭐라 해도
나쁠 게 없는 것을

은행나무가
자신은
천태산 은행나무도 아니고
영국사 은행나무도 아니고
그냥 은행나무라 하면
천태산이
영국사가 당황하겠지

영국사는

천태산 은행나무라 하고
천태산은
영국사 은행나무라 한다

영국사寧國寺

부처님의 가피는 말할 것도 없고
천태산이 뒤에서 밀어주고
영동의 저명인사인
은행나무가 옆에서 지켜주니
이보다 더 좋을 수가 없겠다
이웃 사찰들의
부러움을 사고도 남을 것이다

만세루 지나면
반반한
극락보전과 대웅전이 얼굴 내미는데
먼 걸음을 한 길들 중의 하나인 나부터
어느 분에게 먼저 참배드려야 할지
헷갈리는데
다른 길들은 어떤지 모르겠다

내 생각엔 대웅전부터인데
나 이외에
먼 걸음을 한 다른 길들은
어느 분에게 먼저
참배하는지 궁금하다

아무 생각없이
닥치는 대로 참배드리는
먼 걸음을 한 길들도
없지 않아 있을 것이다

부처님의 가피는 말할 것도 없고
천태산이 뒤에서 밀어주고
영동의 저명인사인
은행나무가 옆에서 지켜주니
이웃 사찰들의
부러움을 사고도 남을 것이다

영국사는 지장전이 얼굴 내밀지 않는다

영국사는 지장전이 얼굴 내밀지 않는다

대웅전의 오른팔인 극락보전만 얼굴 내밀고
대웅전의 왼팔인 지장전은 얼굴 내밀지 않는다

대웅전과 극락보전이
얼굴 내밀지 않는
지장전의 역할까지 하는지 모른다

영국사가
구색을 갖추지 못했다는 말을
들을 수 있는데
지장전이 얼굴 내밀지 않으면
명부전이라도 얼굴 내밀어야 하는데
명부전도 얼굴 내밀지 않는다

지장전 아니면
명부전이
반드시 얼굴 내미라는 법이 없는지도 모른다

영국사는 지장전이 지금은

얼굴 내밀지 않지만
앞으로
얼굴 내미는지 모른다

강선대降仙臺

선녀가
구름을 타고 내려와
강물에서 목욕을 하다가
흑심을 먹은 용암이 다가오자
옷을 챙겨 입고
하늘로 달아났다는 말을
믿어야 하나,
믿지 말아야 하나

믿어야 재미가 있지
믿지 않으면
뭔 재미가 있겠나는 생각이
나의 뇌리를 때린다

믿지 않으면
강선대가 태어날 리
만무하지

나도
소나무 우거진 석대가 솟아 있는
강물에 몸을 담그고 싶은 것을

더불어
햇빛과 잔물결이 만나
보석이 태어난
강물에 몸을 담그고 싶은 것을

나를 가만두지 않는
강선대

강물에 몸을 담그고 싶기만 한 게 아니라
선녀가
구름을 타고 내려와
강물에서 목욕을 하고 있으면
나도 용암처럼
흑심을 품을 게 분명하다

헷갈리다

헷갈린다

경향각지
먼 걸음을 한 길들이
영국사를 찾은 김에 은행나무를 찾는지
은행나무를 찾은 김에 영국사를 찾는지

처음에는
영국사를 찾은 김에 은행나무를 찾았으나
나중에는
은행나무를 찾은 김에 영국사를 찾았을는지도
모른다

영국사도
영동의 저명인사이지만
은행나무는
영동의 저명인사 중의 저명인사이다

영국사 앞에서
이런 말을 꺼내면
인상을 구길까
흐뭇해 할까
그것도 헷갈린다

비봉산 飛鳳山

날아갈라고 생각했으면
진즉
어딘가로 날아갔을 것이다

날아갈 수 있어도
그냥 그 자리에 있는 건
지금
이 자리보다 더 좋은 데가 없기 때문이다

내가
비봉산,
비봉산의 속을 훤히 들여다보고 있다

비봉산,
비봉산이
몸이 무거워서 날아가지 않는 게 아니다

비단강인
금강이 한눈에 보이는
이곳을 뜰 생각이 없는 것이다,
전혀

봉황대鳳凰臺

세상을 내려다보는 맛이
옛날만 못하다는 말을 듣는 것은
돛단배,
돛단배가 증발하여서다

돛단배,
돛단배만 돌아오면
옛날만 못하다는
말을 듣지 않을까

돛단배,
돛단배는
지나간 미래인데
다들
돌아갈 수 없는
지나간 미래를 그리워하는 이유는
뭘까

돛단배,
돛단배를 돌아오게 할 수는 있어도
시간은

돌아오게 할 수가 없다

세상을 내려다보는 맛이
옛날만 못하다는 말을 듣는 것은
돛단배,
돛단배가 증발하여서인 게
분명하다

함벽정涵碧亭

함벽정에서
금강과 눈빛을 주고받는 재미가 쏠쏠하다

지금 나와 눈빛을 주고받는
금강이
나와 눈빛을 주고받는지
함벽정하고 눈빛을 주고받는지
헷갈린다

금강이
함벽정하고
눈빛을 주고받는다면
함벽정의 품에 안긴
나하고도 눈빛을 주고받는 것이나 다름없다

금강이
나하고
눈빛을 주고받는다면
함벽정하고 눈빛을 주고받는 게 아니다

구름이

거울 삼고
산들이 물구나무서고
햇빛과 잔물결이 만나
보석이 태어나기도 하는
금강

함벽정에서
금강과 눈빛을 주고받는 재미가 쏠쏠하다

자풍서당 資風書堂

자기만 잘나가는 게 아니라
남들을
잘나가게 하기 위해 태어났다

자기도 잘나가고
남들도 잘나가는
모두가 잘나가는 세상이
가장 좋은 세상이라는 걸 알고 있다

남들을
언제까지나
자기 아래에 두고 군림하려는 생각은
추호도 없다

청출어람,
청출어람을 인정하지 않는
스승이 아니라,
청출어람을 인정하는 스승이다

남들로부터
존경을 받는 이유가

청출어람을 인정하여서다

자기만 잘나가는 게 아니라
남들을
잘나가게 하기 위해 태어났다

용암龍巖

그냥 그 자리에 버티고 있는 건
아직까지
여의주가 주어지지 않았기 때문이다

이젠 여의주가
주어진다 해도
어딘가로 떠나지 않을 것이다

어디 가도
이곳처럼
대우 받지 못할 거라는 생각에서
이곳에 버티고 있는지도 모른다

언젠가
하늘의 선녀가 내려와
목욕을 한 적이 있는데
자신이 다가서자
하늘로 날아가 버린 그 선녀가
다시 구름을 타고
내려오길 기다리고 있는지도 모른다

그냥 그 자리에 버티고 있는 건
아직까지
여의주가 주어지지 않아서만은 아니다

여의정如意亭

지나간 미래가 만취당인 여의정이
금강을 사이에 두고
강선대와 마주보고 있다

강선대와 눈빛으로
시문을 주고받느라면
시간 가는 줄 모를 것이다

강선대와 눈빛으로
시문만 주고받는 게 아니라
시대를 논할 것이다

세상이 이리 바뀌었는데
지나간 미래에만 붙들려 있을
여의정이 아니다

법고창신,
법고창신을
여의정이 가슴에 새겼을 것이다

지나간 미래가 만취당인 여의정이
금강을 사이에 두고
강선대와 마주보고 있다

4부 영동 기타 시편

반야사

영동 만추 드라이브길

구절양장이 따로 없다

오르는 길에
해와 달 별빛을 챙겼다가
들통난
수목들에게
한눈을 팔아야 하는지
한눈을 팔지 말아야 하는지

한눈을 팔기 위하여 찾았는데
한눈을 팔아야 하는지
한눈을 팔지 말아야 하는지
고민을 해야 하다니

한눈을 파는
재미를 만끽하다가
가는 수가 있다

정상에 오르면
도마령과
민주지산을 한눈에 담을 수 있으니

오르는 길엔
한눈을 팔지 말아야 한다

장난이 아니다

반야사
-영동 백화산

내세울 게
많다고 할 수도 없고
많지 않다고 할 수도 없다

돌 너덜지대가
호랑이 형상으로 태어난 건
우연 아닌
필연이다

대웅전,
극락전,
지장전,
산신각,
문수전이
의기투합한 도량이
부처님의 가피로 가득차 있다

석천에
주야로
햇빛과 달빛이
잔물결이 함께하여

태어난
보석의 이마마다
반야,
반야가 묻어 있는 것을

반야,
반야 빼면
시체인 게
반야사라 해도
욕이 되지 않을 것이다

내세울 게
많지 않다고 할 수도 없고
많다고 할 수도 없다

반야사가 어깨에 힘을 주지 않는다

반야사가 어깨에 힘을 주는 것을
보지 못했다

용맹정진하느라
어깨에 힘을 줄 틈이 없는 게 아니라
원래 성품이 그렇다

上求菩提 下化衆生*의
반야사가
경향각지
먼 걸음을 한 길들 앞에서
어깨에 힘이나 주겠는가

먼 걸음을 한 길들 중에는
나처럼
自燈明法燈明**을
가슴에 새긴 길들이
한둘이 아닐 것이다

한번쯤
어깨에 힘을 줘도 괜찮을

반야사가 어깨에 힘을 주는 것을
보지 못했다

*상구보리 하화중생上求菩提 下化衆生: 위로는 깨달음을 구하고, 아래로는 중생을 교화한다는 의미이다.
**자등명법등명自燈明法燈明:
자등명自燈明: 자기 자신을 비추는 등불, 즉 자신이 자신의 길을 밝혀가며 스스로 깨닫고 나아가는 것.
법등명法燈明: 법의 등불을 비추다, 즉 다른 사람을 위한 가르침과 지혜의 등불을 밝혀주는 것.

대웅전

석가모니 부처님이
문수보살과 보현보살과 함께한
대웅전이
흐트러진 구석이 한 군데도 보이지 않는다

든든한
극락전과 지장전을
왼팔과 오른팔로 둔
대웅전이 마음이 놓일 것이다

산신각과
망경대가 낳은
문수전 역시
대웅전에 힘을 실어줄 것이다

반야사에
혼자 잘나가겠다고
등을 돌린 전각과 당우는 없다

석가모니 부처님이
문수보살과 보현보살과 함께한

대웅전이
모범을 보이니
누구도 헛된 생각을 하지 않을 것이다

극락전
-반야사

극락전의 지나간 미래는
대웅전이다

삼층석탑이 석가모니라면
배롱나무 두 그루는
문수보살과 보현보살이다

자리를 옮긴
대웅전이
나의 생각에 동의할 것이다

삼층석탑이 아미타불이고
배롱나무 두 그루가
지장보살과 관음보살이라 말하는 이가
있을 수 있다

자리를 옮기기 전
대웅전의
다가온 과거가
극락전이라는 걸 모르고 하는 소리다

극락전의 지나간 미래가
대웅전인 걸 모르는
반야사는 없다

문수전

인연이
세조와 닿는 문수전이
거만해질 수 있으나
거만해지지 않는 것은
지혜가 가득차서다

모든 걸 내려다보는 재미가
쏠쏠하지만
내려가고 싶은 마음이
왜 없겠는가

한번 내려가면
다시는 올라올 수 없기에
그냥
그 자리에 버티고 있는 것이다

한눈에 들어오는 경치가
장난이 아니어
이보다 좋을 수가 없기에
내려가고 싶은 마음을
따돌리는지도 모른다

인연이
세조와 닿는 문수전이
거만해질 수 있으나
거만해지지 않는 것은
지혜가 가득차서다

배롱나무 두 그루

극락전 앞
배롱나무 두 그루의 발원지가
무학대사의 주장자라면
믿기지 않을 것이다

배롱나무 두 그루가
극락전 앞에 있지 않고
일주문 지나 있다면
금강역사일 것이다

배롱나무가
두 그루가 아니고
네 그루가
두 그루씩 나란히
일주문 지나 있다면
사천왕일 것이다

대웅전이
자리를 옮기기 전부터
배롱나무 두 그루가
자리를 잡고 있으니

대웅전 밖에
삼층석탑은 석가모니이고
배롱나무 두 그루는
문수보살과 보현보살일 수밖에

극락전 앞
배롱나무 두 그루의 발원지가
무학대사의 주장자라면
믿기지 않을 것이다

영천

세조에게만 영험하고
백성들에겐 영험하지 않다면
영천靈川이라 할 수 없다

지금
내 앞에서
아무도 뛰어들지 않는 건
다들 체면 때문인가

그때 그 시절엔 영험하고
지금 영험하지 않으면
영천이라 할 수 없다

누가
나에게
영천이 재미를 안겨 줬다는 말을
하지 않는 걸 보면
지금은
약발이 들지 않기 때문인가

그게 아니면

누구도 몰래
다들
혼자 만끽하고 있는 것이다

옥계폭포

힘이 좋다

저걸
감당할 사내는
소인국에선 찾아볼 수가 없다

힘이 좋다는 말로는
부족하다

저걸
감당할 사내는
대인국에선 찾아볼 수 있을까

힘이 좋다는 말로는
부족하다도
부족하다

저걸
감당할 사내는
어디에도 없다

민주지산을 오르며

고개를 숙이고 민주지산을 오른다

오르는 길에
나를 한눈팔게 하는 게
한두 가지가 아닌데
못 본 척하는 게 아니라
보고도 무시하고 민주지산을 오른다

갈 길은 멀고
다리는 무겁기에
나를 한눈팔게 하는 것들이
무색할 정도로
무시하고 또 무시하며 민주지산을 오른다

민주지산만
고개를 숙이고 오르는 게 아니라
산이란 산은 다
고개를 숙이고 오르는데
갈 길이 먼 산도 있고
갈 길이 멀지 않는 산도 있는데
민주지산은 갈 길이 먼 산에 속하기에

나를 한눈팔게 하는 것들을
무시하고 앞으로 나아간다

민주지산을 오를 때는
고개를 숙이고 올라도
정상에 도달한 뒤 내려올 때는
고개를 꼿꼿이 들고 내려올 것이다

고개를 숙이고 내려올 길이 없기에
누구든
고개를 들고 내려올 것이나
고개를 숙이고 민주지산을 오른다,
지금은

민주지산을 바라보며

이파리 하나 없는
나무에서
새싹이
얼굴 내미는 것도
못 말리고

어린 새싹이
자라
푸르러지는 것도
못 말리고

푸른 나뭇잎이
해와 달 별빛을 챙겨
붉어지는 것도
못 말리고

붉은 나뭇잎이
나중에
나무에서
손을 놓아버리는 것도
못 말리고

백화산

백화산은
마음이 뿌듯하겠다

지혜가 충만한 문수전이
극락전 앞 배롱나무 두 그루가
끝내주는
반야사를 자식으로 두었으니

호랑이 한 마리를
옆구리에 찬
반야사가
한눈팔지 않고 용맹전진하니

세조의 피부병을
깨끗하게 낫게 해 준 영천으로
세조의 마음을 사
어필까지 챙긴
반야사가
한번도 애먹인 적 없으니

백화산은
마음이 흐뭇하겠다

물한계곡은 한눈팔 틈이 없다

민주지산이 낳은
물한계곡은 한눈팔 틈이 없다

나는 오르고
물한계곡은 내려가고
나는 내려가고
물한계곡은 올라가고라고 하면
뭔말인가
고개를 갸우뚱할 것이다

나는 오르고
물한계곡은 내려가고까지는
소화를 시키지만
나는 내려가고
물한계곡은 올라가고라고는
소화를 시키기가 쉽지 않다

못 말리는
물한계곡

한눈팔 틈이 없는

물한계곡은
민주지산이 낳은 게 아니라
민주지산의 오장육부 중의 하나라 하는 게
더 맞다

난계 덕에 태어난 게 많다

세종대왕의
총애를 받은
난계 덕에 영동에 태어난 게 많다

난계를 모신
소박한
난계사를 두고 하는 말이다

천고각,
난계국악체험관,
난계국악박물관을 두고 하는 말이다

난계 덕에
일자리,
일자리가 이리 많이 창출될 줄
누가 알았으랴

난계를
세종은 알아보고
세조는 알아보지 못한 게 아니라
세조도 알아봤지만

자기 편 들어주지 않으니
퇴출한 거다

신라의 우륵이
그냥 우륵이 아니듯이
고구려의 왕산악이
그냥 왕산악이 아니듯이
조선의 난계가
그냥 난계가 아니다

세종대왕의
총애를 받은
난계 덕에 영동에 태어난 게 많다

갈기산을 오르며

정상에 올라
이랴 차차
말 달리고 싶은 마음이
갈기산을 오르게 한다

갈기산을 오르는
경향각지
먼 걸음을 한 다른 길들은
뭔 이유로
갈기산을 오르는지 몰라도

갈기산을 오르다가
한눈팔고 싶어도
한눈팔지 않고
걸음을 재촉하는
내 마음을
갈기산이 눈치챘을 리가 없다

걸음을 재촉하는
나를
지팡이가 힘들어 해도

아랑곳하지 않는 내가
많이 이기적이다

정상에 올라
이랴 차차
말 달리고 싶은 마음이
갈기산을 오르게 한다

과일나라테마공원이 군침을 삼키게 한다

과일 향기가 진동하는
과일나라테마공원이 군침을 삼키게 한다

몸에 배일수록 좋은 게 과일 향기인데
과일나라테마공원을 찾은
경향각지
먼 걸음을 한 길들의 몸에도
과일 향기가 몸에 배일 것이다

꽃 진 자리에
얼굴 내민
포도, 사과, 배, 자두, 복숭아의 생애를
들여다볼 수 있게 해 주는
과일학습관은 차치하고
5대 과일과원,
세계과일조경원,
곤충체험관,
레인보우식물원이
눈만 호강하게 해 주는 게 아니라
오감을 호강하게 해 준다

심지어
과일나무를 분양까지 해 주는
과일나라테마공원

새콤달콤
와삭와삭과 가까이 지내는
과일나라테마공원

단내가 진동하는
과일나라테마공원이 군침을 삼키게 한다

추풍령역 급수탑공원이 장미정원을 거느리다

솟대가
기차인
추풍령역 급수탑공원이 장미정원을 거느리고 있다

애물단지이고 앳가심인 급수탑이
공원으로 태어나
효자 노릇하리라고
누가 생각이나 했겠는가

자고 가는 구름이
금강이 되기도 하고
낙동강이 되기도 하는
추풍령에 얼굴 내민 급수탑이
치욕의 역사의 산물인 걸
모르는 이가 없다

머릿속에
경부선 증기기관차가
똬리 틀고 있을
급수탑

솟대가
기차인
추풍령역 급수탑공원이 장미정원을 거느리고 있다

영동와인터널이 주사를 부린 적이 없다

주신인 디오니소스를 숭배하는
영동와인터널은
와인과 가까이 지내도
주사를 부린 적이 없다

와인의
와인에 의한
와인을 위해 태어난
와인터널이
와인에 대한 모든 걸
먼 걸음을 한 길들에게 안겨 준다

와인에 대해 문외한인 길들에게
와인에 대한 모든 걸 안겨 주는데
이보다 친절하고
이보다 다정할 수가 없다

누군가의 부러움을 사면 샀지
누구도 부러워하지 않을
영동와인터널

쾌락원리와 현실원리를 구분할 정도로
머리에 든 게 많은
영동와인터널은
와인과 가까이 지내도
주사를 부린 적이 없다

영동국악체험촌이 귀를 호강하게 해 준다

별천지인
영동국악체험촌이 귀를 호강하게 해 준다

영동국악체험촌이
우리소리관,
국악소리관,
쇠리창조관,
천고각을 휘하에 두었다

난계국악박물관,
난계생가,
난계사,
난계국악기제작촌은
영동국악체험촌이 휘하에 두었다기보다
서로 의기투합하였다고 하는 게
낫겠다

다른 건 몰라도
경향각지
먼 걸음을 한 길들은
천고각에서

북을 한 번 쳐보고 돌아와야 할 것이다

아무나
천고각에서
북을 치는 게 허용되지 않는다면
마음으로라도 한번
쳐봐야 할 것이다

별천지인
영동국악체험촌이 귀를 가장 호강하게 해 준다,
오감 중에

송호금강물빛다리에서 윤슬을 만나다

송호관광지와
금강둘레길을 하나가 되게 해 주는
송호금강물빛다리에서 윤슬을 만난다

먼 걸음을 한 길들 중의 하나인 내가
햇빛과 물결이 만나
태어난 보석에 한눈팔라
해와 달 별빛을 챙긴 게
들통나기 시작한 단풍에 한눈팔라
정신이 없다

보석도
보석 나름이라지만
햇빛과 물결이 만나
태어난 보석과
나뭇잎이
해와 달 별빛을 챙겨
태어난 보석은
비교 대상이 아니다

햇빛과 물결이 만나

태어난 보석은
다가가면
사라져버리고
나뭇잎이
해와 달 별빛을 챙겨
태어난 보석은
다가가도 사라지지 않는다

송호관광지와
금강둘레길을 하나가 되게 해 주는
송호금강물빛다리에서 윤슬에 붙들려
자리를 뜨지 못한다

월류봉 둘레길은 그냥 둘레길이 아니다

달이 애지중지하는
월류봉 둘레길은 그냥 둘레길이 아니다

여울소리길,
산새소리길,
풍경소리길이 의기투합한 길이다

여울소리길이라 하여
여울소리만 맛보는 게 아니고
산새소리길이라 하여
산새소리만 맛보는 게 아니고
풍경소리길이라 하여
풍경소리만 맛보는 게 아니다

경향각지
먼 걸음을 한 길들을
맛보게 하는 게
여울소리,
산새소리,
풍경소리만이 아닌
월류봉 둘레길

달만 애지중지하는 게 아니라
해도 애지중지하는
월류봉 둘레길은 그냥 둘레길이 아니다

레인보우힐링관광지가 답이다

이름만 들어도
가슴을 뛰게 하는
레인보우힐링관광지가 답이다

레인보우힐링관광지가
자신을 찾은
먼 걸음을 한 길들에게
안겨 준 게 한두 가지가 아니다

레인보우힐링관광지가
자신을 찾은
먼 걸음을 한 길들의
상처를 치유해 주지
상처를 덧나게 하지는 않을 것이다

마음의 상처를 치유해 주는
레인보우힐링관광지에서
배우고 가야 할
가장 중요한 것 중의 하나는
무지개가 몸으로 보여주는
부동이화다

이름만 들어도
가슴을 뛰게 하는
레인보우힐링관광지가 답이다

노근리 평화공원은 포부가 크다

노근리 평화공원은 포부가 크다

노근리 평화공원이
오직 노근리의 한을 풀기 위해
태어난 게 아니다

다시는
우리민족이 동족상잔의 길을 걷지 않는 데
일조하기 위하여
우리민족이 하루빨리 분단을 극복하는 데
일조하기 위하여 태어난 것이다

한 걸음 더 나아가
지구촌에 전쟁이 일어나지 않도록 하는 데
일조하기 위하여 태어난 것이다

노근리 추모공원과 어깨동무한
노근리 평화공원

노근리 평화공원은 포부가 크다,
그야말로

물과별 시선 23

노근리 쌍굴다리의 눈빛 전언

1판 1쇄 인쇄일 | 2025년 6월 5일
1판 1쇄 발행일 | 2025년 6월 10일

지은이　　김재석
펴낸이　　신정희
펴낸곳　　사의재
출판등록　2015년 11월 9일 제2015-000011호
주소　　　목포시 보리마당로 22번길 6
전화　　　010-2108-6562
이메일　　dambak7@hanmail.net

ⓒ 김재석, 2025

ISBN 979-11-6716-112-3 03810

지은이와 출판사의 동의 없이 이 책의 내용 중 전체 또는 일부를 인용하거나 발췌하는 것을 금합니다.

표지사진과 1부 사진은 노근리국제평화재단으로부터 제공받았으며 나머지 사진은 영동군청 문화관광과로부터 제공받았습니다.

값 12,000원